Парамаханса Йогананда
(1893–1952)

Как направить силу своего внимания на достижение успеха

Парамаханса Йогананда

Серия «Искусство жить»

Неформальные лекции и эссе, публикуемые в серии «Искусство жить» (*"How-to-Live" Series*), впервые появились в журнале Self-Realization, издаваемом обществом *Self-Realization Fellowship*. Подобные материалы также содержатся в различных сборниках, а также аудио- и видеозаписях SRF. Серия «Искусство жить» была создана по многочисленным просьбам наших читателей, желавших иметь под рукой карманные брошюры, освещающие различные аспекты учений Парамахансы Йогананды. Данная серия публикаций передает духовные наставления Шри Йогананды и его ближайших учеников, членов монашеского ордена Self-Realization Fellowship, многие из которых долгие годы обучались у почитаемого во всем мире духовного учителя. Время от времени эта серия пополняется новыми публикациями.

Название англоязычного оригинала, издаваемого
обществом Self-Realization Fellowship, Лос-Анджелес, Калифорния:
Focusing the Power of Attention for Success

ISBN: 978-0-87612-402-4

Перевод на русский язык: Self-Realization Fellowship

Copyright © 2024 Self-Realization Fellowship

Все права защищены. Без предварительного разрешения Self-Realization Fellowship перепечатка (за исключением кратких цитат для рецензий) и распространение книги «Как направить силу своего внимания на достижение успеха» (*Focusing the Power of Attention for Success*) в любой форме — электронной, механической или любой другой, существующей сегодня или в будущем, включая фотокопирование, звуковую запись или хранение ее в информационных и принимающих системах — является нарушением авторских прав и преследуется по закону. За справками обращайтесь по адресу: Self-Realization Fellowship, 3880 San Rafael Avenue, Los Angeles, California 90065-3219, USA

 Авторизовано Международным издательским советом
Self-Realization Fellowship

Название общества Self-Realization Fellowship и его эмблема, помещенная выше, присутствуют на всех книгах, аудио- и видеозаписях, а также других публикациях SRF, удостоверяя читателя, что он имеет дело с материалами организации, которая основана Парамахансой Йоганандой и передает его учения точно и достоверно.

Первое издание на русском языке, 2025
First edition in Russian, 2025
Издание 2025 года
This printing 2025

ISBN: 978-1-68568-284-2

5065-J8897

— ✧ —

Существует Сила, способная осветить ваш путь к здоровью, счастью, покою и успеху. Вам нужно лишь обратиться лицом к этому Свету.

— Парамаханса Йогананда

— ✧ —

Как направить силу своего внимания на достижение успеха

Парамаханса Йогананда

Лекция, прочитанная в Главном международном центре Self-Realization Fellowship, Лос-Анджелес, Калифорния, 11 июля 1940 года

Успех неразрывно связан с удовлетворенностью души в любых жизненных обстоятельствах, он приходит в результате деятельности, основанной на идеалах истины. Неотъемлемой частью такого успеха являются счастье и благополучие других людей. Руководствуйтесь этой истиной в своей материальной, психологической, нравственной и духовной жизни, и вы поймете, что такое полный, всеобъемлющий успех.

У каждого человека свое представление об успехе — все зависит от конкретных жизненных целей. Этот термин употребляют даже применительно к воровству, когда говорят: «Он был успешным вором!» Это наглядно демонстрирует, что не все виды успеха заслуживают одобрения. Наш успех не должен причинять вреда другим людям. Еще один критерий успеха — результат, который благоприятен не только для нас, но и для других людей. Допустим, некая женщина подолгу практикует молчание в рамках своей духовной дисциплины, отказываясь при этом говорить даже с мужем и детьми. Она может научиться жить в тишине и даже обрести внутренний покой, тем не менее ее поведение эгоистично и вредит семейному счастью. Ее нельзя назвать успешной, если ее добрые намерения не приносят благо людям, перед которыми у нее есть обязанности.

То же касается и материального успеха. Мы не должны наслаждаться своим процветанием в одиночку: у нас есть моральная обязанность помогать и другим людям, чтобы они тоже имели возможность повысить качество своей жизни. Каждый, у кого есть голова на плечах, способен зарабатывать деньги. И если в сердце такого человека живет любовь, он никогда не будет тратить эти деньги только на себя, он всегда поделится с другими. Для скупых деньги становятся проклятием, для добросердечных — благословением.

Генри Форд, к примеру, зарабатывает большие деньги, и в то же время он не верит в ту благотворительность, которая питает в людях лень. Его помощь заключается в том, что он дает людям работу, а вместе с ней и средства к существованию. Генри Форд — по-настоящему успешный человек, так как он делает деньги, даруя людям процветание. Он многое сделал для народа, американская нация ему многим обязана[1].

---

[1] В другой раз Парамаханса Йогананда приводил следующий пример:
«Предприниматель, писатель, художник, музыкант, рабочий или же король — все они могут быть йогами, если сами того захотят. Йог стремится познать

Даже величайшие из святых не обретают полного освобождения, если они не делятся ни с кем плодами своего успеха — своим опытом богопознания; если они не помогают людям достичь этого состояния. Вот почему их главная жизненная задача — нести понимание тем, кто его не имеет.

Итак, если идея достижения такого успеха приносит вам радость и удовольствие, вы гарантируете прочное счастье не только себе, но и другим людям.

Восток и Запад: критерии успеха

Хотя критерии успеха на Востоке и Западе разнятся, Восток без промедления имитирует худшее из того, что он видит в западных кинофильмах. Сказочный идеал счастья, который рисуют в кино, тешит душу, однако в реальной жизни достичь успеха не так-то и просто. Жизнь зачастую жестока. Вам приходится бороться даже за выживание. Только подумайте, сколько всего вам нужно делать только лишь для того, чтобы кормить свое тело и поддерживать в нем силы и здоровье. Даже если вы успешно справляетесь с этой задачей, такой успех имеет лишь временную природу, так как в итоге тело все равно отправится в могилу. Для успешного существования

Дух путем соблюдения духовных законов и отказа от материальных плодов успеха: он перенаправляет их на благо всех людей. Такие люди, как „шоколадный король" Херши, передавший значительную часть своего 80-миллионного состояния школе [для сирот] и ныне работающий на собственной фабрике, достиг идеала отречения наравне с великими святыми». — *Прим. ред.*

вам приходится бороться со многими силами, внутренними и внешними, которые хотят лишить вас стоящих достижений.

Запад сосредотачивается на частичном, временном успехе, который стеснен рамками одной жизни; Восток же сосредотачивается на полноценном успехе, который не угаснет на протяжении вечности. Людей, достигших вечного успеха, мы называем сиддхами[2], то есть теми, кто успешен в глазах Повелителя Вселенной. Такой человек идеально счастлив на физическом, умственном и духовном плане. Да, собственности у него может быть немного — ее вообще может не быть, — но при этом он обладает совершенным богатством — внутренней удовлетворенностью и духовным пониманием взаимосвязи души и Духа, тела и Космической Жизни. Вот так выглядит истинный успех. На Востоке в умах детей взращивают и лелеют жажду достижения именно такого успеха. На Западе вы дарите ребенку копилку и внушаете ему, что деньги принесут ему удовлетворенность. В стремлении жить в достатке нет ничего плохого, но детям также необходимо говорить о ценности того успеха, который никогда их не покинет. Богатство души не иссякнет вовек, ибо хранится в банке вечности, куда можно зайти за очередной порцией счастья в любое время.

2 Санскр. «тот, кто успешен»; тот, кто достиг Самореализации — единства с Богом.

И все же даже духовный успех можно назвать односторонним, если вы не исполняете своих мирских обязанностей. Только великий йог, над которым уже не властны законы природы, может себе позволить оставить мирские дела. На Востоке всегда взращивалась идея достижения духовного счастья, а идее материальной обеспеченности не придавалось особого значения. На Западе у вас много физических удобств, но очень мало внутреннего счастья. Нужно сбалансировать эти две крайности. Если в жизни вы стремитесь только к чему-то одному — и неважно, что это, — вы становитесь односторонним. Например, если художник сосредоточивается только на своем искусстве и игнорирует другие важные обязанности, он становится нервным и несчастным; но если он сочетает искусство с поиском Бога — это просто прекрасно! Бизнес и Бог, наука и Бог, служение и Бог — такие сочетания приносят всесторонний успех и счастье.

У богатства, болезней и трудностей есть множество разных аспектов. Красота Запада — в чистоплотности. Здесь комары и клопы не имеют больших шансов на выживание, в то время как на Востоке их пруд пруди. Но не радуйтесь такому превосходству раньше времени: у вас есть вещи и похуже. Взять, к примеру, неоплаченные счета и вашу систему покупки товаров в рассрочку — все это заставляет вас беспокоиться по поводу своего финансового положения и лишает вас покоя.

Не влачите поверхностное существование

Бог сотворил этот мир не для того, чтобы мы просто ели, спали и умирали, но для того, чтобы мы поняли, с какой целью Он это сделал. Лишь немногим мудрецам удалось узреть Божий замысел, большинство людей слепы и не способны его разглядеть. Земля становится камерой пыток для тех, кто живет в неведении относительно Божьего плана. Но если вы относитесь к своему жизненному опыту как к учителю, который преподносит вам знания об истинной сути мироздания и вашей роли в нем, тогда ваш опыт становится ценным путеводителем на дороге к вечной удовлетворенности и счастью.

Сотворенная Господом иллюзия очень сильна. Эта жизнь — сплошной бедлам. Вы думаете, что деньги эквивалентны счастью, но когда вы их заполучаете, то понимаете, что для счастья этого все равно недостаточно. Вы можете иметь деньги и не иметь здоровья, или иметь здоровье, но не иметь денег, или иметь деньги и здоровье, но при этом не ладить с людьми. Вы делаете людям добро, а в ответ они выказывают вам одну лишь ненависть. Если вы не обрели Бога, ничто в этом мире не принесет вам удовлетворения. Важно помнить, что это Сам Бог пытается увести нас от Него материальными соблазнами: Он хочет проверить, жаждем ли мы Подателя всех благ или только Его даров.

Если бы Бог хотел, чтобы наше бытие замыкалось на мирском сознании, нас бы полностью удовлетворяли вещи этого мира и мирской путь в целом. Доводилось ли вам наблюдать за стадом овец? Когда скачет одна овечка, все остальные скачут следом за ней. Большинство людей делают то же самое. Сначала у человека появляется какая-то причуда или он начинает вести себя определенным образом, а потом все начинают за ним повторять. Так было всегда. У каждой нации есть свои обычаи, и нельзя сказать, что все они совершенны. Но кому судить о нелепости той или иной традиции? Прежде всего надо помнить, что обычаи появились не на пустом месте. Если вы видите, что причина, по которой народ придерживается обычая, по-прежнему веская, тогда он действительно несет практический смысл; но глупо придерживаться какого-то обычая слепо. Мы должны понять, в чем заключается истина и что именно приносит подлинное счастье, а затем придерживаться этого.

Упростите свою жизнь

Если вы беспристрастно проанализируете отличительные особенности человеческого поведения, вы увидите, насколько комичны некоторые из наших привычек и обычаев. Сколько же у вас в Америке правил! Одеваетесь вы именно так, как полагается, и никак иначе: смокинг на обед, вечерний пиджак для выхода в свет, спортивная куртка для досуга — я даже видел рекламу пиджаков для курения! А жены еще удивляются, почему их мужья на праздники любят выезжать за город, где не нужно носить ни носков, ни галстуков! Время от времени полезно отойти от заведенных правил и упростить свой распорядок дня. Систематичность и максимальная продуктивность достойны одобрения, но если человек чрезмерно организованный, это вредит его счастью.

В Индии все проще — и с бытом, и с одеждой; здесь же жизнь сложна. В своих неустанных попытках следовать определенному порядку вы лишаетесь счастья. Зачем усложнять себе жизнь и настаивать на том, чтобы стол был накрыт именно так, а не иначе, чтобы в доме все было именно так, а не иначе? Когда мы приглашаем гостей в Индии, все танцуют от радости. Мы с нетерпением ждем их прихода. В Америке же вы приглашаете гостей, а потом часами готовитесь к их приему в дикой суете, заботясь о том, чтобы все было как надо. К тому времени, когда гости приходят, вам уже не терпится, чтобы они ушли!

Жить нужно проще, одеваться нужно проще, есть нужно проще. Раньше я думал, что есть в ресторанах неэкономично, но иногда это экономит время. Вы не можете позволить себе проводить на кухне слишком много времени, иначе у вас его не останется на более важные дела. Когда я ездил по стране и обучал людей, я всегда упрощал свое питание и держал на подоконнике бутылку молока и немного салата и сыра — настолько все было просто.

Рай внутри нас, а не в вещах

Наше обучение в ашраме в Индии было очень жестким. Мы учились обуздывать свои желания, не потакать своим прихотям и не иметь пристрастий и предубеждений. Мы были благодарны за все, что к нам приходило. Даже при всем том изобилии, что у вас здесь имеется, многие из вас несчастны ровно в той же степени, в какой были бы несчастны и без собственности. Вашим желаниям нет конца. Утром, побрившись и одевшись, муж первым делом хочет завтракать. За столом он хочет, чтобы жена подавала ему каждый раз что-то новое, а жена хочет, чтобы их тарелки и ложки были получше. День за днем их желания продолжают расти — до тех пор, пока их перестает удовлетворять вообще все — даже их брак и дети. Счастливыми их не назовешь[3]. И поскольку они недовольны, они начинают отыгрываться на своих близких. Жена упрекает мужа, муж кричит на детей, дети не хотят повиноваться и ввязываются в неприятности, водясь с плохой компанией. Обладать собственностью как таковой не плохо — плохо, когда собственность обладает вами. Вы должны освободиться от чувства привязанности.

Мой рай — внутри меня. Вот почему, когда я нахожусь в таком прекрасном месте, как Энсинитас, мой

---

[3] «У несобранного [того, кто не утвердился в своем „Я"] нет мудрости, и он не способен медитировать. Для немедитирующего нет умиротворения. Как может прийти счастье к неумиротворенному?» (Бхагавад-Гита II:66).

внутренний рай делает это место еще большим раем. Без внутренней удовлетворенности даже рай на земле может показаться адом. Если бы не моя внутренняя радость, мне бы уже давно захотелось убежать отсюда куда подальше, ибо проблемы, связанные с огромной ответственностью, которую я на себя взял, сделали бы меня очень несчастным. Злейший враг счастья в этой стране — счета! Мне многое нравится в Америке, особенно ее люди, но вот ваша убежденность в том, что счастье дают вещи, — заблуждение. Даже когда вы получаете желаемое, вы все равно несчастливы! К чему эта погоня за мимолетным материальным счастьем? Живите проще. Не имейте столько вещей, это порождает множество забот. Покупая что-то новое, вы испытываете положительные эмоции, однако чувство новизны вскоре уходит, и вот у вас уже нет времени на эту вещь или вы вообще о ней забываете и хотите чего-то еще. Но счета о вас не забывают!

Обретите контроль над своей жизнью, упростите ее, насколько возможно. Пусть на вашем банковском счете всегда будут какие-то средства для ваших нужд и непредвиденных случаев. Откладывать вы должны больше, чем тратить на ненужные «необходимости». Кроме того, всегда делитесь своим счастьем с другими. Если вы делаете людям добро, вы никогда не будете брошены на произвол судьбы. Я точно знаю, что, если бы мне пришлось уйти отсюда прямо сейчас, я бы даже не скучал об этом месте. И я бы никогда не голодал: мне было бы дано все, в чем я нуждаюсь. Это вовсе не бахвальство, я видел, как работает эта сила в моей жизни. Я знаю, что Бог всегда со мной и ничто не может меня тронуть — и неважно, плаваю ли я на поверхности жизни или тону в морских глубинах. Это осознание принесло мне наивысшую радость. Если бы индийское учение не дало мне то понимание и тот духовный опыт, который я имею сегодня, я был бы сейчас самым несчастным человеком. Хоть я и заработал много денег, я не позволил им поработить меня. Я никогда не позволял деньгам связывать меня. Все средства я отдал на благо дел Божиих, дабы помочь другим. Самая ценная моя собственность — мое внутреннее счастье. Короли даже и представить себе не могут, насколько прекрасно это богатство.

Успех измеряется вашими внутренними достижениями

Не думайте, что если перед вашим взором предстают массы несчастных людей, не достигших успеха, то жизнь должна быть именно такой. Вы можете сделать себя таким, каким вы хотите быть. Успех определяется вашими внутренними достижениями. Если внутри у вас ничего нет, тогда и счастья у вас тоже нет. Если у вас нет собственности, а внутренне вы счастливы, вы все же по-настоящему успешны. Вы не можете судить о людях по каким-то внешним признакам. Всегда есть шанс встретить в безликой толпе духовно возвышенного человека, достигшего истинного душевного покоя и внутреннего счастья.

Именно поэтому духовный успех — свержение диктатуры порочных привычек и импульсов — приносит большее счастье, нежели успех материальный. Духовный успех предполагает наличие психологического счастья, которое не способны отобрать никакие внешние условия. Вы можете тратить все свое время на зарабатывание денег, но это не принесет вам долговечного утешения и чувства защищенности. Напротив, это принесет вам еще больше страданий, ибо счастье и покой не в вещах, а в уме. Если вы не дисциплинируете свой ум, никакое материальное процветание не принесет вам удовлетворенности. Самодисциплина не пытка — вы просто обучаете свое сознание порождать те мысли и предпринимать те действия, которые ведут к счастью.

Счастье — это и есть ваш успех, и вы не должны позволять окружающим лишать вас его. Оградите себя от тех, кто пытается сделать вас несчастным. В юности я терпеть не мог, когда кто-то говорил обо мне неправду; с течением времени я, однако, обнаружил, что куда лучше иметь чистую совесть, чем одобрение окружающих. Совесть — это интуитивный мыслительный процесс, говорящий правду о вас и ваших мотивах. Когда ваша совесть чиста, когда вы знаете, что поступаете правильно, вы ничего не боитесь. Чистая совесть отражает одобрение Самого Господа. Будьте чисты перед трибуналом своей совести, и тогда вы заполучите счастье и Божье благословение.

Если вам не удается зарабатывать, это все потому, что вы недостаточно сосредоточиваетесь на решении этой проблемы. Аналогичным образом, если вы несчастливы, то потому, что вы еще не сосредоточились на желании быть счастливым. Осел, везущий на себе мешок с золотом, не знает цену этого золота; вот и человек, взваливший на себя бремя жизненных забот, не осознает, что внутри себя он носит вечное блаженство души. Поскольку он ищет счастья в вещах, ему неведома ценность внутреннего счастья, которым он уже обладает.

Правильно расставляйте приоритеты при выполнении своих обязанностей

Учение йоги[4] отнюдь не советует вам избегать выполнения своих обязанностей в этом мире. Оно говорит, что вы должны пропитать себя мыслью о Боге и, куда бы Он вас ни направил, исполнять свою мирскую роль, думая о Нем.

Если вы хотите жить в уединении в лесу или в горах, полагая, что, освободившись от обязанностей, вы найдете Бога, сперва убедитесь в том, что вы готовы сидеть целыми днями в медитации. Такие усилия, конечно, похвальны, но еще лучше быть в миру, но не от мира сего: выполнять свои обязанности на благо людей, удерживая

---

4 См. глоссарий.

свой ум на Боге. «Посредством отказа от работы человек не обретет совершенства... О Арджуна, оставаясь погруженным в йогу, совершай все действия, отбросив привязанность [к их плодам]»[5].

Рассматривайте свои большие и малые обязанности в должной перспективе и не позволяйте одной обязанности противоречить другой. Священные санскритские тексты говорят о божественном законе — одном из самых прекрасных законов, данных человечеству: «Если одна обязанность противоречит другой — это не истинная обязанность». Если вы стремитесь к финансовому успеху, но при этом наносите ущерб своему здоровью, тогда вы не выполняете своей обязанности по отношению к телу. Если вы так сильно увлеклись религией, что стали пренебрегать своими земными обязанностями, значит, вы не сбалансированны: вы позволяете одной обязанности противоречить другой, ведь у вас также есть обязанности по отношению к своему телу и своей семье. Если же вы забываете о своей обязанности перед Богом из-за семейной суеты, последнее никак нельзя назвать обязанностью.

Многие спрашивают: «Должны ли мы прежде достичь материального успеха, который позволит нам исполнять наши земные обязанности, или же сначала нужно обрести Бога, а потом уже устремляться к материальному успеху?» Конечно же, на первом месте должен стоять Бог. Каждый

---

5 Бхагавад-Гита III:4 и II:48.

свой день начинайте с общения с Богом в глубокой медитации. Помните: мы не можем исполнять свои обязанности без той силы, что заимствуем у Бога. В первую очередь нужно быть верным Ему. Если вы исполняете свои обязанности, но забываете о Боге, Ему это совсем не нравится. В идеале нужно исполнять все свои обязанности с одним-единственным желанием: порадовать Бога.

Если вы ищете и Бога, и материальной удовлетворенности, это не так уж и плохо; но, если вы не отводите время на регулярные и глубокие медитации, благодаря которым вы можете укорениться в Боге, мирские дела будут поглощать все ваше внимание и у вас не останется времени на Бога. Если вы не ощущаете присутствие Бога внутри себя, ваши земные обязанности, как правило, превращаются в орудие пытки. Но если Господь всегда с вами и вы исполняете все свои обязанности с мыслью о Нем, вы становитесь самым счастливым человеком на свете. «Думающие обо Мне, посвятившие Мне свои жизни, просвещающие друг друга, всегда беседующие обо Мне, Мои бхакты удовлетворены и радостны»[6]. Если бы я не прошел обучение у моего Гуру[7], Свами Шри Юктешвара, который дал мне такое божественное сознание, я бы уже давно упал духом, помогая людям и строя эту организацию, — ведь порой вместо содействия я получаю пощечину.

---

6 Бхагавад-Гита X:9.

7 См. глоссарий.

Я часто затевал с Гуруджи споры, настаивая на том, что организации — это осиные гнезда. Каждый хочет, чтобы вы угождали именно ему. Но я убедился в том, что если на первом месте стоит Бог, то духовная организация становится ульем, а Господь — медом, насыщающим людей божественным покоем и любовью. Если вы господствуете над людьми, считая себя королем, они вас обязательно свергнут. Но если вы искренне и с любовью направляете их, вы становитесь королем сердец. Конечно, на вашу любовь будут откликаться в основном искренние сердца, и, если вы любите всех беспристрастно, вы увидите, кто именно восприимчив к вашей любви. Иисус дал об этом понять, когда выразил признательность женщине, помазавшей его голову драгоценным маслом[8], а также Марии — за ту «благую часть», которую она избрала, когда молча села у его ног, вместо того чтобы помогать своей сестре Марфе обслуживать остальных гостей[9].

Непревзойденная божественная любовь

Если бы вы только знали, какой чудесный роман может разгореться между Богом и верующим! Ни одно переживание на свете не может сравниться с радостью этого чувства. Я знал одного святого, который так любил Бога, что все его лицо источало Божественный свет. Я спросил его о его семье. Он сказал: «Все это в прошлом. Сейчас я живу в Боге,

---

8 Мф. 26:7–13.
9 Лк. 10:39–42.

я не знаю другой жизни». Я рассказал ему о моем отце и о том, как много тот для меня сделал. Святой сказал: «Ты неблагодарный. Ты забыл о том, что это Небесный Отец дал тебе твоего благочестивого земного отца. Когда я почувствовал зов Господа, я стал размышлять: „Кто позаботится о моей семье, если я вдруг умру? Тот, Кто дал мне саму жизнь". Я знал, что Он это сделает». И Бог действительно ему помогал, ибо тот посвятил Господу всю свою жизнь[10].

«Я помню о том, кто всегда помнит обо Мне; он никогда не теряет из виду Меня, и Я не теряю из виду его»[11]. В каждом закоулке природы мой Возлюбленный играет со мною в прятки: Он прячется в цветах и выглядывает из сверкающего оконца луны. Он всегда присматривает за мной, скрываясь за ширмой природы, под покровом иллюзии.

Никогда не забывайте о Едином Возлюбленном, который скрывается за всеми, кто любит. Пусть сердце ваше живет не мирскими эмоциями, но трепетом божественной любви. Она непревзойденна. В тот момент, когда божественная любовь овладевает вашим сердцем, все ваше тело застывает в блаженстве, изрекая: «Когда Повелитель Вселенной ступил в мой телесный храм, мое

---

[10] Тому верующему, который освободил свою душу от всех земных желаний и привязанностей и укрепился в наивысшей любви к Богу, Господь говорит: «Оставив все другие дхармы [обязанности], помни обо Мне одном; Я освобожу тебя от всех грехов [последствий неисполнения этих несущественных обязанностей]» (Бхагавад-Гита XVIII:66).

[11] Парамахансаджи часто перефразировал эти стихи Бхагавад-Гиты (VI:30), дал он им и буквальный перевод: «Кто видит Меня везде и все видит во Мне, тот никогда не теряет Меня из виду, и Я не теряю из виду его».

сердце забыло, что оно должно биться, и клетки тела моего забыли обо всех своих делах. Все они замерли, услышав глас Бессмертной Жизни, глас единственного Возлюбленного и единственной Жизни. Мое сердце, мой мозг, все клетки моего тела наэлектризовались, обессмертив себя в Его Присутствии». Такова любовь Господа.

Печаль, порождаемая ненавистью и войнами, показывает нам, что духовность и доброта есть наивысшие силы. Ненависть разрушительна, любовь же — величайшая созидательная сила. Поэтому, дорогие друзья, осознайте бессмысленность ненависти и сумасшедших войн и учитесь любить Бога. Ничто в мире не способно принести вам то всеудовлетворяющее чувство успеха, которое приносит Его любовь. Только любовь даст этому миру удовлетворенность. Если бы все нации любили друг друга и с энтузиазмом стремились оказывать друг другу помощь — не силой и коварством, но любовью и добротой, — все они добились бы истинного успеха.

Подумайте о миллиардах, потраченных на войны и убиение себе подобных! Стыд и позор человечеству! Чем это закончится, как не страданиями и разрухой? Одна лишь любовь может положить этому несчастью конец. Стоит одной стране создать новое оборонительное оружие, как другие начинают заниматься разработкой еще более совершенных методов обороны; из-за этого люди живут в постоянном страхе. Почему бы всем странам не культивировать любовь и понимание, вместо того чтобы разжигать ненависть и войны?

Только универсальная религия любви может быть реальным решением всех проблем. Любовь делает нас завоевателями. Иисус был величайшим завоевателем, не правда ли? Он был завоевателем сердец.

Сила, стоящая за всеми силами

Прежде всего вы должны достичь успеха в общении с Повелителем Вселенной. Вы всецело поглощены земными делами и потому говорите, что у вас нет времени на Бога. А что, если Бог скажет: «У меня нет времени на то, чтобы биться в твоем сердце и думать в твоем мозге»? Что тогда с вами будет? Он есть Любовь, стоящая за всей любовью, Воля, стоящая за всей волей, Разум, стоящий за всяким разумом, Успех, стоящий за любым успехом, Сила, стоящая за всеми силами. Он есть кровь в наших жилах, дыхание, порождающее нашу речь. Забери Он сейчас Свою Силу, и мой голос утихнет, я не смогу говорить. Если бы Его сила не выражала себя в нашем сердце и мозге, мы бы лежали пластом до скончания времен. Поэтому помните: главнейшая ваша обязанность — это обязанность перед Богом.

Практический аспект поисков Бога

Все священные писания учат: «Ищите же прежде Царства Божия»[12]. Несмотря на это, люди продолжают

---

12 Мф. 6:33.

строить заградительный барьер между своей повседневной жизнью и духовными наставлениями, о которых они читают или слышат в церкви. Если вы будете жить принципами истины, вы узрите практичность всех духовных, психологических и физических законов. Если вы читаете священные писания поверхностно, они не принесут вам никакой пользы. Но если вы будете читать о духовных истинах сосредоточенно, а также верить в них, эти истины будут работать на вас. Быть может, вы лишь хотите верить или просто думаете, что верите; но, когда вы по-настоящему поверите, результат будет мгновенным.

Вера бывает разная. Кто-то вообще не верит, кому-то хотелось бы верить, иные верят слабо; есть и такие, кто верит до тех пор, пока их вера не подвергнется испытанию. Мы уверены в своих убеждениях, если им ничто не противоречит; когда же мы с этим сталкиваемся, мы теряемся и нас начинают одолевать сомнения. Истинная вера — это интуитивная убежденность, знание души, которое не может пошатнуться даже при наличии противоречий.

В библейском наставлении «прежде всего ищите Бога» есть практический аспект: когда вы найдете Бога, Его сила позволит вам обретать вещи, которые вам необходимы с точки зрения здравого смысла. Верьте в этот закон. В сонастроенности с Богом лежит ключ к истинному успеху — равновесию в духовных, умственных и материальных свершениях.

Взлелейте в себе такую мысль: я должен найти Бога. Пусть эта мысль доминирует в вашем сознании — особенно в перерывах между вашими повседневными обязанностями. Сосредотачивайтесь лишь на важных жизненных вопросах. Слишком много времени растрачивается на поверхностные интересы. Всякий раз, когда я вижусь со своими учениками, я направляю их внимание на Бога. Если они говорят: «Как прекрасен океан!» или «Как прелестны ваши сады»[13], я отвечаю: «Пребывайте в молчании. Необязательно все время говорить. Погружайтесь внутрь себя, и вы узрите Прелесть, питающую всю эту красоту».

Большинство людей сродни бабочкам: они бесцельно порхают по жизни — не летят в каком-то определенном направлении и в то же время не могут остановиться более чем на мгновение. Их постоянно увлекает что-то новое. Пчела всегда работает, она запасается медом впрок. Бабочка живет только сегодняшним днем. Когда наступает зима, бабочка погибает, а пчела живет за счет своих запасов. Мы должны научиться собирать мед Божьего покоя и Божьей силы и запасаться им впрок.

Непоседливые человеческие бабочки сосредотачиваются на фильмах и бесполезных занятиях. Если вы уже обрели Бога, ходить в кино время от времени

---

[13] Здесь говорится об ашраме SRF, расположенном на берегу Тихого океана в городе Энсинитас, Калифорния. Территория этого ашрама, так же как и территория штаб-квартиры Self-Realization Fellowship в Лос-Анджелесе, украшена прекрасными садами.

дозволительно, но в основном это пустая трата времени. На ранних этапах своего духовного развития вы должны искать тихие места, где можно уединиться и посвятить себя мыслям о Боге. Когда вы пребываете с людьми, отдавайте им всего себя, дарите им свою любовь и внимание. Но обязательно находите время, чтобы побыть наедине с Богом. Я редко вижусь с людьми по утрам: в это время я уединяюсь. Не нужно подолгу пребывать в кругу людей. Это не принесет вам счастья. Тщательно выбирайте себе компанию. Общайтесь с мудрыми и благочестивыми людьми, которые могут пробудить в вас духовные мысли. Займитесь поисками Бога всерьез.

Медитация сносит внутренние барьеры

Куда лучше читать стоящие книги, чем тратить время на глупости. Но еще лучше — медитировать. Направьте свое внимание внутрь себя, и вы почувствуете обновленную уверенность, прилив сил и покой тела, ума и духа. Главная проблема вашей медитации в том, что вы хотите получить результат, но не прилагаете усилия в течение продолжительного времени. Именно поэтому вы еще не знаете, что такое сила сконцентрированного ума. Если налить в стакан мутную воду и не трогать его какое-то время, грязь осядет на дно и вода станет прозрачной. Когда вы медитируете и «грязь» ваших беспокойных мыслей оседает, в чистых водах вашего сознания начинает отражаться сила Господа.

Знаете, почему некоторые люди никак не могут поправить свое здоровье или улучшить свое финансовое положение, несмотря на все их старания? Прежде всего, большинство людей делает все без особого энтузиазма. Они используют лишь десятую долю своего внимания — потому и не способны добиться успеха. Вдобавок к этому хронический неуспех может быть обусловлен кармой, последствиями их действий в прошлом. Не признавайте никаких кармических ограничений. Не верьте в свою неспособность что-либо сделать. Зачастую вы не можете чего-то добиться по той причине, что внушаете себе, будто это вам не под силу. Если вы обретете уверенность в своих умственных способностях, все у вас получится. Общаясь с Богом, вы измените свой жизненный статус: из смертного существа вы превратитесь в существо бессмертное, и тогда все сковывающие вас цепи падут. Это великий закон, о котором всегда нужно помнить. Сосредоточьте свое внимание, и к вам придет Сила всех сил, благодаря которой вы сможете добиться духовного, умственного и материального успеха. Я постоянно задействую эту силу в своей жизни, и вы тоже можете это делать. Я знаю, что Божья сила никогда никого не подводит. Тот незначительный успех, что обретается посредством любой другой силы, недолговечен. Если же удерживать свое внимание на Господе, оно станет пылать неугасимым пламенем, который явит вам присутствие Бога.

Всякий раз, когда вы сталкиваетесь с непреодолимыми трудностями, когда вы не можете найти решение проблемы или того, кто мог бы вам помочь, погружайтесь в медитацию. Медитируйте до тех пор, пока не найдете решение проблемы. Оно обязательно придет. Я удостоверялся в этом сотни раз и знаю, что сила сконцентрированного внимания никогда не подводит. В этом и заключается секрет успеха. Сосредотачивайтесь до тех пор, пока не добьетесь стопроцентной концентрации, затем предпринимайте все необходимые действия для осуществления задуманного. Как смертное существо вы ограниченны, но как Божье дитя вы безграничны. Соедините свою концентрацию с Господом. Концентрация — это все. В первую очередь погружайтесь внутрь себя, учитесь фокусировать свой ум и чувствовать Божью силу, и лишь после этого направляйтесь к материальному успеху. Если вы желаете выздороветь, перво-наперво идите к Богу, соедините себя с той Жизнью, что питает все жизни, а затем уже следуйте законам здоровья. Вы увидите, что, если полагаться только на врачей, такого результата не будет. Войдите в контакт с Богом, после чего делайте все, что в ваших силах, чтобы обрести здоровье или деньги или же найти спутника жизни.

Чтобы получить ответ от Самого Господа, медитировать нужно глубоко. С каждым днем ваша медитация должна становиться все глубже. Благодаря этому вы обнаружите, что ваша сосредоточенность во мгновение ока сжигает все умственные изъяны, и вы почувствуете нисходящую на вас силу Господа. Эта сила способна уничтожить все семена неудач.

Не переставайте сосредотачиваться

Когда я только встал на этот духовный путь, я был не слишком усидчив в медитации, но по прошествии определенного времени я смог погрузиться в медитацию на сорок восемь часов: я был полностью поглощен Божьим экстазом. Представляете, какая это сила?! Концентрируйтесь на этой силе.

Берегите свое время. Не тратьте его впустую. Иной раз вы изъявляете желание по-быстрому съездить в город, чтобы купить предмет первой необходимости, но на вашем пути встает множество отвлекающих факторов. Ваш выход в город затягивается на многие часы еще до того, как вы успеваете это осознать. В конце дня вы обнаруживаете, что ваше внимание рассеянно, оно утратило силу доводить начатое до конца. Ум подобен мешочку с семенами горчицы. Если вы рассыплете эти семена на пол, собрать их будет непросто. Ваше внимание должно быть эдаким пылесосом, быстро собирающим просыпанные семена мыслей.

Заканчивая выполнять свои повседневные обязанности, уединяйтесь и пребывайте в тишине. Берите в руки хорошую книгу и читайте ее вдумчиво, после чего долго и глубоко медитируйте. Это даст вам куда больше покоя и счастья, чем беспокойные занятия, из-за которых ваши мысли разбегаются во все стороны. Если вы думаете, что медитируете, в то время как в голове у вас мелькают разные мысли, вы себя просто обманываете. Когда вы научитесь концентрироваться, вы поймете, что с Богом ничто не может сравниться. Убедитесь в этом лично. Сходите на пикник, съездите в город, пообщайтесь с друзьями — в конце дня вы будете нервным и неусидчивым. Если же вы выработаете в себе привычку проводить время дома, в медитации, на вас низойдут великий покой и великая сила. Они будут с вами как в медитации, так и в повседневной жизни. Уединение — плата за величие.

Сосредоточенность на Божьей силе гарантирует успех во всех начинаниях

Великие люди всегда и во всем задействуют силу своего внимания. Полностью раскрыть потенциал этой силы можно только посредством медитации. Задействовав Божью силу концентрации, вы сможете добиться успеха в любом начинании. Используйте эту силу для развития тела, ума и души.

Вот почему закончить, друзья мои, мне хотелось бы следующими словами: сосредоточьте свое внимание на Боге, и вы обретете всю силу, необходимую для достижения успеха в любом начинании. Если вы будете регулярно практиковать научные техники концентрации и медитации общества Self-Realization Fellowship, вы увидите, что нет на свете более быстрого и надежного метода воссоединения с Богом.

О Парамахансе Йогананде
(1893–1952)

«В жизни Парамахансы Йогананды в полной мере проявился идеал любви к Богу и служения человечеству... Хотя большую часть своей жизни Йогананда провел за пределами Индии, он тем не менее занимает особое место среди наших великих святых. Его работа продолжает приносить свои плоды и сияет все ярче, привлекая людей всего мира на путь духовного паломничества».

— из сообщения индийского правительства, посвященного выпуску памятной марки в честь Парамахансы Йогананды

Парамаханса Йогананда родился в Индии 5 января 1893 года. Он посвятил свою жизнь служению людям всех рас и вероисповеданий, помогая им осознать и полнее выразить в своей жизни истинную красоту, благородство и божественность человеческого духа.

По окончании Калькуттского университета в 1915 году Парамаханса Йогананда принял обет монаха древнего индийского монашеского ордена Свами. Двумя годами позже он приступил к главному труду своей жизни — духовному наставничеству, основав йогическую школу («how-to-live» school). Сегодня во всей Индии уже насчитывается двадцать одно учебное заведение такого рода, где традиционные школьные предметы сочетаются с практикой йоги и воспитанием духовных идеалов. В 1920 году его пригласили на Международный конгресс религиозных либералов в Бостоне в качестве представителя от Индии. Его выступление на конгрессе и последовавшие за ним лекции в городах Восточного побережья

США были приняты с огромным энтузиазмом, и в 1924 году он отправился в трансконтинентальное лекционное турне.

На протяжении трех последующих десятилетий Парамаханса Йогананда вносил неоценимый вклад в распространение на Западе теоретических и практических знаний о духовной мудрости Востока. В 1920 году он основал религиозную организацию, объединяющую людей разных конфессий, — общество Self-Realization Fellowship — и разместил ее главный международный центр в Лос-Анджелесе. Написав множество трудов, совершив ряд больших лекционных турне и основав многочисленные храмы и медитационные центры SRF, он сумел познакомить тысячи искателей истины с древней философией йоги и ее универсальными методами медитации.

В наши дни его духовная и гуманитарная работа продолжается под руководством брата Чидананды, президента Self-Realization Fellowship/Yogoda Satsanga Society of India. Помимо издания письменных трудов Парамахансы Йогананды, его лекций, неформальных бесед и всеобъемлющей серии *Уроков Self-Realization Fellowship*, общество курирует работу храмов, ретритов, медитационных центров и монашеских общин Self-Realization Fellowship, а также Всемирного круга молитвы.

Освещая в своей статье жизнь и труд Парамахансы Йогананды, доктор наук и профессор кафедры древних языков в колледже Скриппс Куинси Хау-младший написал о нем следующее: «Парамаханса Йогананда принес из Индии не только вечную надежду на постижение Бога, но и практический метод, при помощи которого духовные искатели разных толков могут быстро продвигаться к этой цели. Духовное наследие Индии, первоначально признанное на Западе лишь на уровне чего-то возвышенного и абстрактного, стало доступным в наше время в виде практического опыта для всех тех, кто стремится познать Бога — не по ту сторону, а здесь и сейчас... Самый возвышенный метод созерцания Йогананда сделал доступным для всех».

Глоссарий

Аватар (avatar). От санскр. *avatara* («нисхождение»); тот, кто обретает единство с Духом, а затем возвращается на землю, чтобы помогать человечеству.

Астральный мир (astral world). Тонкая сфера света и энергии, лежащая в основе физического мира. Каждое существо, каждый предмет, каждая вибрация в физическом мире имеет своего астрального двойника, поскольку астральный мир («небеса») содержит в себе энергетическую копию физического мира. Более подробное описание астрального и еще более тонкого каузального (идеального) мира можно найти в 43-й главе книги Парамахансы Йогананды «Автобиография йога».

Аум (Ом) (Aum, Om). Санскритское корневое слово-звук, символизирующее тот аспект Всевышнего, который творит все сущее и поддерживает в нем жизнь; основа всех звуков; Космическая Вибрация. У тибетцев ведический *Аум* стал священным словом *Хам*; у мусульман — *Амин (Аминь)*; у египтян, греков, римлян, иудеев и христиан — *Аминь*. Мировые религии утверждают, что все сотворенное рождается в космической вибрационной энергии *Аум* (Аминь, Слово, Святой Дух). «В начале было Слово, и Слово было у Бога, и Слово было Бог... Все чрез Него начало быть, и без Него ничто не начало быть, что начало быть» (Ин. 1:1, 3).

Ашрам (ashram). Духовная обитель, часто — монастырь.

Бхагавад-Гита (Bhagavad Gita). «Песнь Господня»; древнее священное писание Индии, часть эпического сказания «Махабхарата». Представленная в форме диалога между *аватаром* Господом Кришной и его учеником Арджуной накануне исторической битвы на Курукшетре, Бхагавад-Гита является глубоким трактатом о йоге — науке единения с Богом — и вечным рецептом счастья и успеха в повседневной жизни.

Бхагаван Кришна (Господь Кришна). *Аватар*, живший в Древней Индии за много веков до рождения Иисуса Христа. Его учение о Йоге представлено в священной Бхагавад-Гите. В индуистских писаниях слово «Кришна» имеет несколько значений, одно из которых — «Всеведущий Дух». Поэтому «Кришна», как и «Христос», — это духовный титул, обозначающий божественное величие *аватара*, его единство с Богом.

Гуру (Guru). Духовный учитель. *Гуру-гита* (стих 17) точно описывает гуру как «того, кто рассеивает тьму» (от *гу* — «тьма» и *ру* — «тот, кто рассеивает»). Зачастую так называют любого учителя или инструктора, что само по себе ошибочно. Истинный, просветленный гуру — это тот, кто обрел власть над самим собой и осознал свое тождество с вездесущим Духом. Только такой гуру обладает надлежащей духовной квалификацией для того, чтобы направлять богоискателя в его внутреннем духовном поиске.

Ближайшим эквивалентом термина *гуру* на английском языке выступает слово «Мастер». Именно его зачастую используют ученики при уважительном обращении к Парамахансе Йогананде или его упоминании.

Духовное око (spiritual eye). Единое око интуиции и вездесущего восприятия в центре Христа (*Кутастха*), расположенном в межбровье; врата в наивысшие состояния сознания. В глубокой медитации духовное, или «чистое», око можно узреть в виде сияющего золотого кольца, обрамляющего темно-синюю сферу, внутри которой горит яркая звезда. Этот всеведущий глаз упоминается в священных писаниях как «третий глаз», «звезда Востока», «внутренний глаз», «голубь, сходящий с небес», «глаз Шивы» и «глаз интуиции».

Иисус также говорил о духовном оке: «Светильник для тела есть око. Итак, если око твое будет чисто, то и все тело твое будет светло...» (Мф. 6:22).

Йога (от санскр. *уиj* — «единение») — единение индивидуальной души с Духом, а также методы, с помощью которых достигается это единение. Существуют различные методы йоги; Парамаханса Йогананда обучал *Раджа-йоге* — «царственной», или «совершенной», йоге, которая делает акцент на практике научных техник медитации. Мудрец Патанджали, выдающийся толкователь йоги, выделил восемь ступеней, ведущих практикующего *Раджа-йогу* к *самадхи* (единению с Богом), а именно: (1) *яма,* нравственное поведение; (2) *нияма*, соблюдение религиозных предписаний; (3) *асана*, правильная поза для достижения неподвижности тела; (4) *пранаяма*, контроль над *праной*, тонкими жизненными токами; (5) *пратьяхара,* самоуглубление; (6) *дхарана*, концентрация; (7) *дхьяна*, медитация; (8) *самадхи*, состояние сверхсознания.

Карма (karma). Последствия действий, свершенных в этой или в прошлых жизнях. Кармический закон есть закон действия и противодействия, причины и следствия, сеяния и пожинания. Каждый человек сам формирует свою судьбу своими мыслями и действиями. Та энергия, которую он сам — благоразумно или же по собственному неведению — приводит в действие, должна вернуться к нему как к своей исходной точке, подобно тому, как круг неизбежно замыкает самого себя. Понимание кармы как закона справедливости помогает освободить человеческий разум от обид на Бога и человека. Карма неотделима от человека и следует за ним от инкарнации к инкарнации — до тех пор, пока она не будет отработана или преодолена духовно. (См. *реинкарнация*.)

Космическое Сознание (Cosmic Consciousness). Абсолют; Дух за пределами мироздания. Этот термин также обозначает достигаемое в медитации состояние *самадхи* — единение с Богом как внутри вибрационного мироздания, так и за его пределами.

Крийя-йога (Kriya Yoga). Священная духовная наука, зародившаяся в Индии несколько тысячелетий назад. Будучи формой *Раджа-йоги*, она включает в себя продвинутые техники медитации, которые ведут к прямому контакту с Богом. Подробное описание *Крийя-йоги* дается в 26-й главе «Автобиографии йога», а получить саму технику могут ученики SRF, подписавшиеся на *Уроки Self-Realization Fellowship Lessons* и выполнившие определенные духовные требования.

Кришна (Krishna). См. *Бхагаван Кришна*.

Майя (maya). Заложенная в структуре мироздания космическая иллюзия, из-за которой Единое Целое представляется множеством. *Майя* — это принцип относительности, контрастности, двойственности, противоположности; это Сатана (ивр. — «противник») в Ветхом Завете. Шри Йогананда писал: «На санскрите слово *майя* буквально означает „измеритель"... *Майя* — это магическая сила в мироздании, из-за которой в Неизмеримом и Нераздельном возникает видимость ограничений и деления... Единственная функция Сатаны (то есть *майи*) в божественном замысле-игре (*лиле*) состоит в том, чтобы отвлекать человека от Духа к материи, от Реальности к ирреальному... *Майя* — это покров преходящих состояний в Природе, бесконечного рождения новых форм; это покров, который каждый человек должен отбросить, чтобы увидеть за ним Творца, неизменяемое Неизменное, вечную Реальность».

Парамаханса (Paramahansa). Титул духовного мастера, достигшего высшего состояния неразрывного единения с Богом. Только истинный гуру может присвоить этот титул своему достойному ученику. Свами Шри Юктешвар присвоил этот титул Парамахансе Йогананде в 1935 году.

Сатана (Satan). См. *майя*.

Самадхи (Samadhi). Духовный экстаз; опыт сверхсознания; в высшем смысле — единение с Богом как с высшей Реальностью, пронизывающей все сущее.

Самореализация (Self-realization). Парамаханса Йогананда дал следующее определение Самореализации как осознания своего истинного «Я»: «Самореализация — это знание телом, умом и душой, что мы едины с вездесущностью Бога и нам не нужно молиться о ней; что она не просто рядом с нами в каждый миг нашей жизни, но что вездесущность Бога — это наша собственная вездесущность и мы сейчас — такая же часть Бога, какой будем всегда. Нам нужно лишь усовершенствовать это знание».

Реинкарнация (Reincarnation). Теория реинкарнации подробно рассматривается в 43-й главе «Автобиографии йога» Парамахансы Йогананды. Там объясняется, что, согласно закону *кармы*, прошлые действия людей порождают определенные последствия, которые притягивают их обратно в материальный мир. Они возвращаются на землю жизнь за жизнью, чтобы проходить через переживания, являющие собой результат этих действий, и продолжать процесс духовной эволюции, чтобы в итоге постичь совершенство души и обрести единение с Богом.

Христово Сознание (Christ Consciousness). «Христос», или «Христово Сознание», суть спроецированное сознание Бога, имманентно присутствующее во всем мироздании. Оно же Единородный Сын в Библии, единственно чистое отражение Бога Отца во всем сущем. В индуистских священных писаниях оно называется *Кутастха Чайтанья*, а также *Тат* (космический разум Духа, пронизывающий все мироздание). Это то универсальное, единое с Богом Сознание, которое было проявлено в Иисусе, Кришне и других *аватарах*. Святые и йоги знают его как состояние *самадхи*, в котором сознание отождествляется с разумом каждой частицы мироздания; они ощущают Вселенную как свое собственное тело. См. *Троица*.

Я (Self). С заглавной буквы — *атман* (душа, божественная суть человека), со строчной — малое «я», то есть человеческая личность, эго. Высшее «Я» есть индивидуализированный Дух, чья истинная природа — вечно сущее, вечно сознательное, всегда новое Блаженство.

Книги Парамахансы Йогананды на русском языке

Издательство Self-Realization Fellowship

«Автобиография йога»

«Вечный поиск»

«Божественный роман»

«Путь к Самореализации»

«Закон успеха»

«Как говорить с Богом»

«Метафизические медитации»

«Научные целительные аффирмации»

«Религия как наука»

«Высказывания Парамахансы Йогананды»

«Внутренний покой»

«Там, где свет»

«Почему Бог допускает зло»

«Быть победителем в жизни»

«Жить бесстрашно»

В издательстве «София» (www.sophia.ru) можно приобрести следующие книги:

«Автобиография йога»

«Бхагавадгита: Беседы Бога с Арджуной»

Другие издания Self-Realization Fellowship на русском языке

«Только любовь»
Шри Дайя Мата

«Как найти радость внутри себя»
Шри Дайя Мата

«Отношения между гуру и учеником»
Шри Мриналини Мата

«Проявление Божественного сознания в повседневной жизни»
Шри Мриналини Мата

Книги Парамахансы Йогананды на английском языке

Доступны напрямую у издателя:
Self-Realization Fellowship
3880 San Rafael Avenue • Los Angeles, California 90065-3219
Тел. +1 (323) 225-2471 • *Факс* +1 (323) 225-5088
www.srfbooks.org

Autobiography of a Yogi

Autobiography of a Yogi
(Аудиокнига, читает Сэр Бэн Кингсли)

The Second Coming of Christ:
The Resurrection of the Christ Within You
Комментарий-откровение изначального учения Христа

God Talks with Arjuna: The Bhagavad Gita
Новый перевод и комментарии

Man's Eternal Quest
Первый том собрания лекций, эссе и неформальных бесед
Парамахансы Йогананды

The Divine Romance
Второй том собрания лекций, эссе и неформальных бесед
Парамахансы Йогананды

Journey to Self-Realization
Третий том собрания лекций, эссе и неформальных бесед
Парамахансы Йогананды

Wine of the Mystic:
The Rubaiyat of Omar Khayyam — A Spiritual Interpretation
Вдохновенный комментарий, проливающий свет на мистическую науку общения с Богом, на которую указывают таинственные образы «Рубайята»

Where There Is Light:
Insight and Inspiration for Meeting Life's Challenges

Whispers from Eternity
Собрание вдохновенных молитв Парамахансы Йогананды и его запечатленных переживаний во время общения с Богом в высших стадиях медитации

The Science of Religion

The Yoga of the Bhagavad Gita:
An Introduction to India's Universal Science of God-Realization

The Yoga of Jesus:
Understanding the Hidden Teachings of the Gospels

In the Sanctuary of the Soul:
A Guide to Effective Prayer

Inner Peace:
How to Be Calmly Active and Actively Calm

To Be Victorious in Life

Why God Permits Evil and How to Rise Above It

Living Fearlessly:
Bringing Out Your Inner Soul Strength

How You Can Talk With God

Metaphysical Meditations
Более трехсот вдохновенных медитаций и одухотворенных молитв и аффирмаций Парамахансы Йогананды

Scientific Healing Affirmations
Парамаханса Йогананда дает здесь глубокое объяснение принципу действия целительных аффирмаций

Sayings of Paramahansa Yogananda
Короткие истории, в которых запечатлены искренние, пронизанные любовью советы и наставления Парамахансы Йогананды всем тем, кто обращался к нему за духовным руководством

Songs of the Soul
Мистическая поэзия Парамахансы Йогананды

The Law of Success
В этой книге Парамаханса Йогананда объясняет динамические принципы достижения целей

Cosmic Chants
Слова и музыка к шестидесяти духовным песням на английском языке; также прилагается вводная статья о том, как духовное пение способствует общению с Богом

DVD (документальный фильм)

Awake:
The Life of Yogananda
Отмеченный наградами документальный фильм о жизни и работе Парамахансы Йогананды

Другие брошюры серии «Искусство жить»

Парамаханса Йогананда
Answered Prayers

Focusing the Power of Attention for Success

Harmonizing Physical, Mental, and Spiritual Methods of Healing

Healing by God's Unlimited Power

How to Cultivate Divine Love

How to Find a Way to Victory

Remolding Your Life

Where Are Our Departed Loved Ones?

World Crisis

Шри Дайя Мата
How to Change Others

Overcoming Character Liabilities

The Skilled Profession of Child-Rearing

Шри Мриналини Мата
The Guru-Disciple Relationship

Брат Анандамой
Closing the Generation Gap

Spiritual Marriage

Брат Бхактананда
Applying the Power of Positive Thinking

Брат Премамой
Bringing Out the Best in Our Relationships With Others

Парамаханса Йогананда
«Автобиография йога»

Эта знаменитая автобиография представляет собой блестящий портрет одного из величайших духовных деятелей нашего времени. Подкупая своей искренностью и неподражаемым чувством юмора, Парамаханса Йогананда ярко описывает вдохновляющие события своей жизни: неординарные переживания детства; встречи с мудрецами и святыми в пору юношества, когда он ездил по Индии в поисках просветленного учителя; десять лет духовного обучения в ашраме под руководством глубоко почитаемого мастера йоги и тридцать лет духовного наставничества в Америке. Он также запечатлел свои встречи с Махатмой Ганди, Рабиндранатом Тагором, Лютером Бербанком, католической стигматисткой Терезой Нойман и другими знаменитыми духовными личностями Востока и Запада.

«Автобиография йога» представляет собой одновременно увлекательнейший рассказ о совершенно необыкновенной жизни и основательное введение в древнюю науку йоги с ее освященной веками традицией медитации. Автор четко объясняет тонкие, но неизменно действующие законы, стоящие как за обыкновенными событиями повседневной жизни, так и за необыкновенными, которые принято называть чудесами. Захватывающее повествование об удивительной жизни перетекает в проникновенный и незабываемый экскурс в глубочайшие тайны человеческого бытия.

«Автобиография йога», уже ставшая современной классикой, переведена более чем на пятьдесят языков и широко используется в колледжах и университетах в качестве авторитетного справочника. Неизменный бестселлер со дня своего появления в печати более семидесяти лет назад, она нашла свой путь к сердцам миллионов читателей во всем мире.

«Исключительно ценная работа»

— The New York Times

«Очаровательное, снабженное исчерпывающими комментариями исследование»

— Newsweek

«Ни на английском, ни на каком-либо другом европейском языке йога еще не была представлена подобным образом»

— Columbia University Pres

Уроки
Self-Realization Fellowship

Личные наставления и инструкции Парамахансы Йогананды по техникам йогической медитации и принципам духовной жизни

Если вы чувствуете тягу к познанию духовных истин, описанных в брошюре «Как направить силу своего внимания на достижение успеха», мы предлагаем вам подписаться на *Уроки Self-Realization Fellowship* (*Self-Realization Fellowship Lessons*).

Парамаханса Йогананда разработал эту серию уроков для домашнего обучения с той целью, чтобы искренние искатели имели возможность самостоятельно изучать и практиковать древние йогические техники медитации, которые он представил Западу, — включая науку *Крийя-йоги*. *Уроки SRF* содержат, помимо прочего, практическое руководство по обретению сбалансированного физического, психологического и духовного благополучия.

Уроки Self-Realization Fellowship распространяются за символическую плату, чтобы покрыть расходы по печати и отправке материалов по почте. Все обучающиеся могут рассчитывать на бесплатную консультацию по практическим аспектам уроков со стороны монахов и монахинь общества Self-Realization Fellowship.

Если вы желаете знать больше...

Пожалуйста, посетите веб-сайт www.srflessons.org, чтобы запросить брошюру с исчерпывающей информацией по *Урокам SRF*.

www.ingramcontent.com/pod-product-compliance
Lightning Source LLC
Chambersburg PA
CBHW031434040426
42444CB00006B/797